Carlos explora

Camilla Given

Copyright © 2022 Sarah Camilla Given

The story and illustrations are copyright of the author/illustrator. Any reproduction of part or all of the contents is strictly prohibited.

All rights reserved.

ISBN: 9798842919697

DEDICACIÓN

Para Lindsay: gracias por explorar Colorado conmigo y por tu entusiasmo con mis libros de Carlos. Eres una amiga de verdad.

AGRADECIMIENTOS

Gracias a mis hijos por ayudar con los dibujos.

Gracias a Lindsay por editar el arte y a Justin por editar el español.

Gracias a todos que leen mis libros.

NOTE TO THE READER

This book contains pages labeled "¡Vuelta, vuelta!". These pages are meant to be flipped quickly back and forth, creating movement of the drawings. To interact with the "Vuelta" pages, place your left hand on the left page, grasp the corner of the right page with your right thumb and finger and quickly flip the right-hand page back and forth.

Happy reading!

PRÓLOGO:

SOY CARLOS

Hola, soy Carlos.

Tengo diecinueve años.

Soy alto, flaco y guapo.

Soy estudiante de arte en la universidad.

Vivo en el estado de Colorado.

Colorado tiene montañas, ríos y bosques.

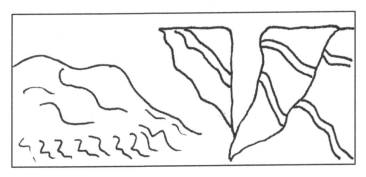

Colorado tiene desiertos y cañones.

Tengo una familia fantástica.

Tengo amigos excelentes.

Soy activo. Me gusta correr.

Levanto pesas.

Exploro la naturaleza.

Me gusta explorar el desierto.

Me gusta explorar el bosque.

Me gusta explorar las montañas.

Soy Carlos y soy explorador.

CAPÍTULO 1:

CARLOS EXPLORA EL DESIERTO

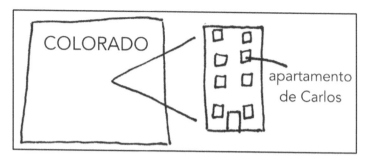

Vivo en un apartamento en Colorado.

El apartamento es muy pequeño.

No me gustan los espacios pequeños.

Prefiero los espacios grandes.

Por eso me gusta visitar el desierto.

En el desierto hay mucho espacio.

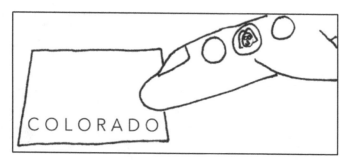

Mi madre visita Colorado.

Mi madre se llama Elsa.

Mi madre es muy activa. Le gusta explorar.

Yo preparo una aventura para mi madre.

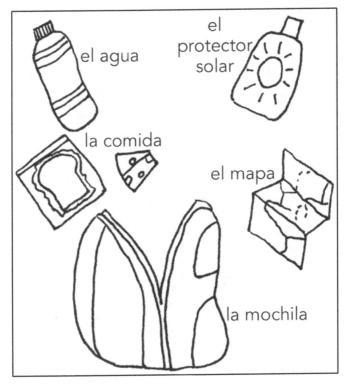

Yo preparo mi mochila con agua, protector solar, comida y un mapa.

Mi madre y yo vamos al desierto.

Nosotros caminamos en el desierto.

Nosotros exploramos el desierto.

Nosotros caminamos en el sendero.

No caminamos en las plantas delicadas.

No caminamos en el nopal.

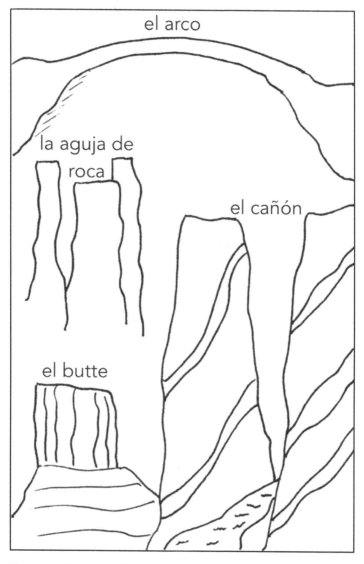

En el desierto miramos muchas formaciones de rocas.

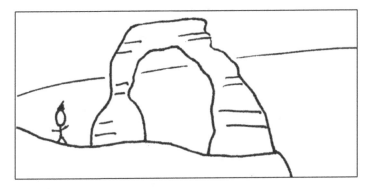

Los arcos son delicados.

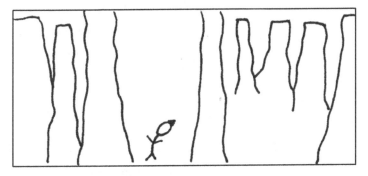

Las agujas de roca son altas.

Los cañones son impresionantes.

Hace mucho sol en el desierto.

Por eso, me pongo protector solar.

Hace mucho calor en el desierto.

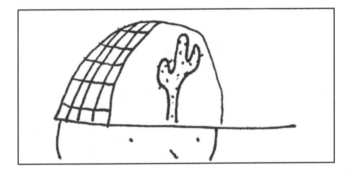

Yo llevo puesto una gorra.

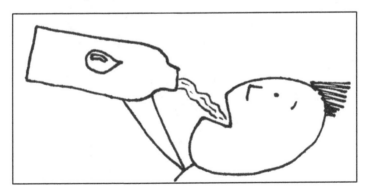

Yo bebo mucha agua.

No hay mucha agua en el desierto.

Sin embargo, hay muchas plantas.

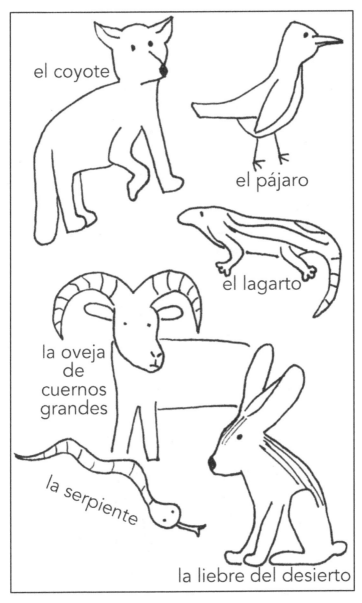

¡Hay muchos animales también!

Mi madre y yo caminamos toda la mañana.

Yo tengo hambre.

Mi madre tiene sed.

Decidimos comer el lonche.

Nos sentamos en una roca y comemos.

Comemos y miramos la vista bonita.

¡VUELTA, VUELTA!

These pages are meant to be flipped quickly back and forth, creating movement of the drawings. To interact with the "Vuelta" pages, place your left hand on the left page, grasp the corner of the right page with your right thumb and finger and quickly flip the right-hand page back and forth.

Miramos la naturaleza. ¡Vuelta, vuelta!

Camilla Given

¡Qué bonito!

Después de comer, mi madre y yo continuamos.

Hablamos del trabajo.

Hablamos de la escuela.

Me gusta mucho hablar con mi madre.

Miro un hombre. El hombre escala las rocas.

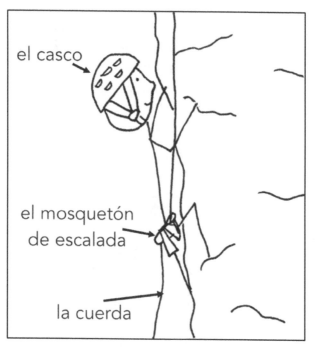

El hombre usa un casco y cuerdas para protección.

Miro el cañón con mi madre. Es muy grande.

Miro la puesta del sol con mi madre. Es muy bonita.

¡Me gusta explorar el desierto con mi madre!

CAPÍTULO 2:

CARLOS EXPLORA EL BOSQUE

Tengo un hermano menor. Se llama Eric.

Eric tiene doce años.

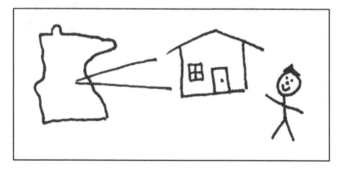

Él vive en el estado de Minnesota.

CARLOS EXPLORA

Me gusta hacer actividades con Eric.

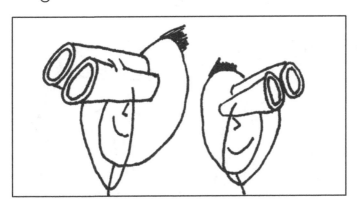

Me gusta explorar con Eric.

Eric y yo exploramos el bosque.

El bosque es grande.

Hay muchos árboles en el bosque.

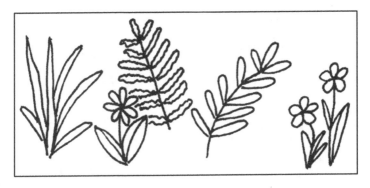

Hay muchas plantas en el bosque.

Unas plantas son buenas.

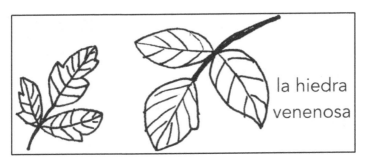

Otras plantas son malas.

Hay muchos animales en el bosque.

También hay muchos insectos.

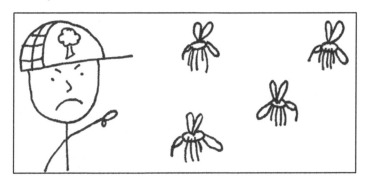

No me gustan los mosquitos.

Eric y yo acampamos en el bosque.

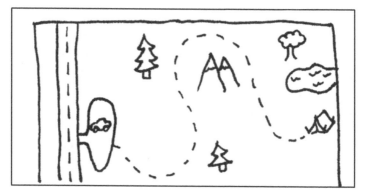

El sitio de acampar está lejos.

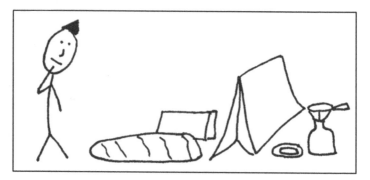

Necesito llevar todo al sitio.

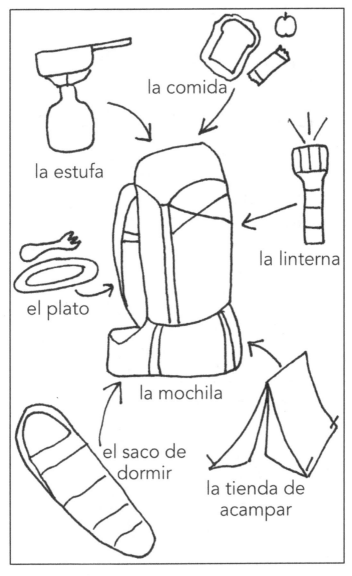

Mi mochila es muy grande porque tiene muchas cosas.

Eric y yo nos ponemos repelente de insectos.

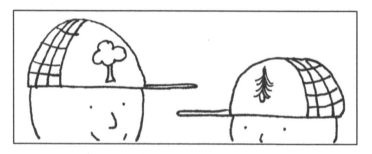

Nos ponemos gorras.

Nos ponemos las mochilas.

¡Vamos a acampar! ¡Vuelta, vuelta!

Camilla Given

¡A acampar!

Nosotros caminamos en el sendero.

No caminamos en las flores.

No caminamos en los animales.

Hay un arroyo.

Cruzamos el arroyo en un tronco de árbol.

Un venado bebe agua del arroyo.

Por fin llegamos al sitio de acampar.

El sitio está cerca de un lago, pero no directamente al lado del lago.

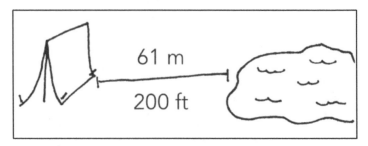

Es importante tener una distancia de 61 metros o más del agua para no contaminarla.

El lago es grande y bonito.

Un alce camina en el lago.

Muchos peces nadan en el lago.

Eric quiere pescar. Yo quiero pescar también.

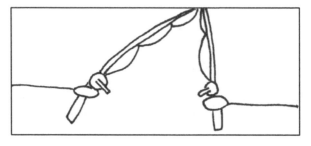

Nosotros agarramos las cañas de pescar.

Caminamos al lago.

¡Pescamos! ¡Vuelta, vuelta!

Camilla Given

¡A pescar!

Yo arreglo la tienda de acampar.

Pongo la tienda en la tierra, no en las flores.

Yo arreglo los sacos de dormir en la tienda.

Eric busca ramos pequeños.

Pone los ramos en un círculo de rocas.

Luego, Eric prende el fuego con un fósforo.

Yo limpio el pez.

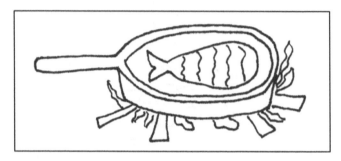

Cocino el pez.

Eric y yo comemos pescado. ¡Está rico!

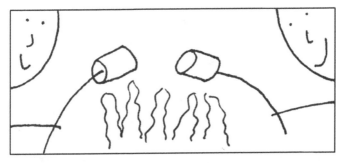

Luego, Eric y yo calentamos malvaviscos.

Hago un sándwich de malvaviscos, chocolate y galletas.

Después de comer, yo pongo toda la comida en un saco especial.

Hay osos en el bosque. Los osos quieren comida.

No es buena idea tener comida en el sitio de acampar.

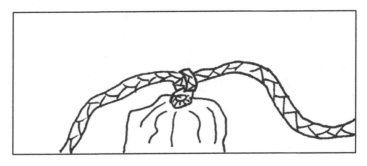

Ato una cuerda al saco.

Tiro el saco en un árbol grande y viejo.

¡Ahora los osos no roban la comida!

En la mañana, Eric y yo exploramos.

Nosotros encontramos bayas.

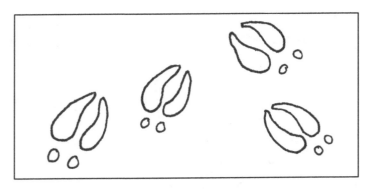

Encontramos huellas de venado.

Encontramos una familia de conejos.

Encontramos flores bonitas.

¡Me gusta explorar el bosque con mi hermano Eric!

CAPÍTULO 3:

CARLOS EXPLORA LAS MONTAÑAS

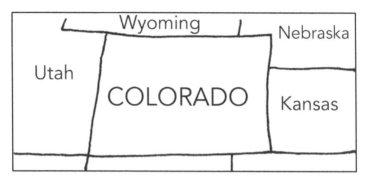

Yo vivo en el estado de Colorado.

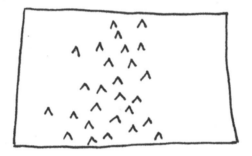

Hay muchas montañas en Colorado.

Unas montañas, como Mt. Elbert, son muy altas. (4.401 metros/14.440 pies)

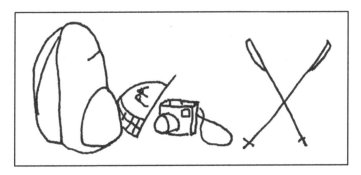

Cuando voy a las montañas, siempre voy preparado.

Tengo agua y comida.

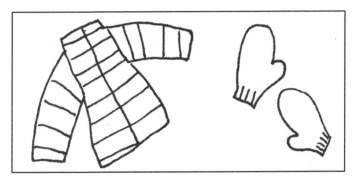

Tengo una chaqueta y guantes.

Voy a las montañas con mi amigo Marco.

Marco es bajo y muy feliz.

A Marco le gusta mucho explorar las montañas.

Marco y yo estudiamos el mapa.

Estudiamos el tiempo.

¡Vamos a la montaña!

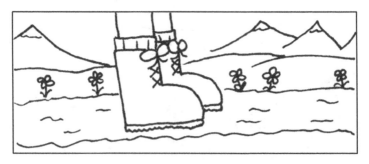

Nosotros caminamos en el sendero.

No caminamos en las plantas.

No caminamos en las flores.

En el sendero pasamos árboles.

Pasamos arroyos.

Pasamos cascadas.

Hay muchos animales en las montañas.

Tomo fotos de los animales.

Tomo fotos de las flores.

Tomo fotos de las montañas.

Hay muchas rocas en las montañas.

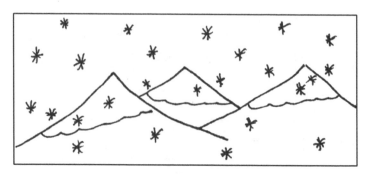

Hay nieve en las montañas.

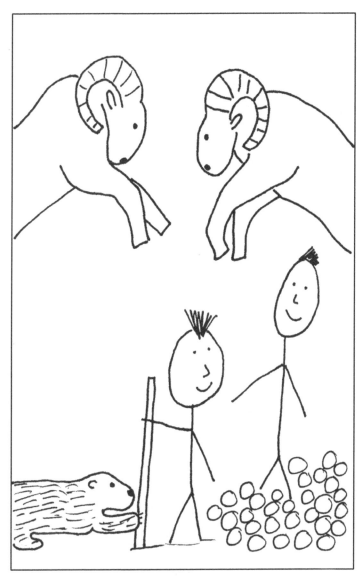

Es una aventura. ¡Vuelta, vuelta!

Camilla Given

CARLOS EXPLORA

¡A explorar!

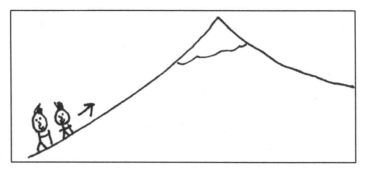

Marco y yo subimos la montaña.

Subimos y subimos y subimos.

¡Por fin llegamos a la cima de la montaña!

En la cima la vista es increíble.

Veo muchas montañas en la distancia.

Veo lagos alpinos en la distancia.

¡Me gusta explorar las montañas con mi amigo Marco!

CARLOS EXPLORA

Soy Carlos y me gusta explorar la naturaleza con mi familia y mis amigos.

¡Hasta la próxima aventura!

GLOSARIO

A
a - to
acampamos - we camp
acampar - to camp
activa - active
actividades - activities
activo - active
agarramos - we grab
agua - water
aguja(s) de roca - needle (rock formation)
ahora - now
al - to the
al lado de - next to
alce - moose
almuerzo - lunch
alpinos - alpine
altas - tall
alto - tall
amigo(s) - friend(s)
animales - animals
años - years
apartamento - apartment
arándano - blueberry
árbol(es) - tree(s)
arco(s) - arch(es)
ardilla - squirrel
arreglo - I arrange
arroyo(s) - stream(s)
arte - art
ato - I tie
aventura - adventure

B
bajo - short
baño - bathroom
bayas - berries
bebe - drinks
bebo - I drink
bonita(s) - pretty
bonito - pretty
bosque(s) - forest/woods
buena(s) - good
bueno(s) - good
busca - looks for
butte - butte (rock formation)

C
cabra blanca - mountain goat
calentamos - [we] heat
camina - walks
caminamos - [we] walk
cañas de pescar - fishing poles
cañón - canyon
cañones - canyons
capítulo - chapter
cascadas - waterfalls
casco - helmet
cerca de - close to
chaqueta - jacket
chocolate - chocolate
cima - peak
círculo - circle
clase(s) - class(es)
cocina - kitchen
cocino - I cook
comemos - [we] eat
comer - to eat
comida - food
cómo - how
como - like/such as
con - with
conejo(s) - rabbit(s)
contaminarla - to contaminate it

continuamos - we continue
correr - to run
cosas - things
coyote - coyote
cruzamos - [we] cross
cuando - when
cuerda(s) - rope(s)

D
de - of / from
del - of the / from the
decidimos - [we] decided
delicadas - delicate
delicados - delicate
desierto - desert
después - afterwards / then
diecinueve - nineteen (19)
directamente - directly
distancia - distance
doce - twelve (12)
dormitorio - bedroom

E
el - the
él - he
en - in / on
encontramos - [we] find
es - is
escala - climbs
escuela - school
espacio(s) - space(s)
especial - special
estado - state
está - is
estar - to be
estudiamos - [we] study
estudiante - student
estudio - I study
estufa - stove
excelente(s) - excellent
explora - explores
explorador - explorer
exploramos - [we] explore

explorar - to explore
exploro - I explore

F
familia - family
fantástica(s) - fantastic
fantástico - fantastic
feliz - happy
flaco - skinny
flor(es) - flower(s)
formaciones - formations
fósforo - match
fotos - photos
frambuesa - raspberry
fuego - fire

G
galletas - cookies
gorra(s) - hat(s)
grande(s) - big
guantes - gloves / mittens
le gusta - likes
me gusta(n) - I like
te gustan - you like
guapo - handsome

H
hablamos - [we] talk
hace mucho calor - it is very hot
hace mucho sol - it is very sunny
hacer - to make
hago - I make
hambre - hunger
hasta - until
hay - there is / there are
hermano - brother
hiedra venenosa - poison ivy
hola - hello
hombre - man
huellas - tracks / prints

I
idea - idea

importante - important
impresionantes - impressive
increíble - incredible
insectos - insects

L
la - the
lagarto - lizard
lago(s) - lake(s)
las - the
lejos - far
levanto - lift
liebre del desierto - desert hare
limpio - I clean
linterna - flashlight
me llamo - I am called / My name is
se llama - is called / is named
llegamos - we arrive
llevar - to carry
llevo puesto - I wear
los - the
luego - later / then

M
madre - mother
malas - bad
malvaviscos - marshmallows (also called *bombones*)
mamá - mom
mañana - morning
mapa - map
mapache - racoon
marmota - marmot / groundhog
más - more
menor - younger
metros - meters
mi(s) - my
miramos - [we] see / look at
miro - I see

mochila(s) - backpack(s)
montaña(s) - mountain(s)
mosquetón - carabiner
mosquitos - mosquitos
mucha(s) - many
mucho(s) - many
muy - very

N
nadan - swim
naturaleza - nature
necesito - I need
nieve - snow
no - no
nopal - cactus
nosotros - we

O
o - or
oso(s) - bears
otras - other
oveja de cuernos grandes - big horn sheep

P
pájaro - bird
para - for
pasamos - [we] pass
peces - fish
pequeño(s) - small
pero - but
pesas - weights
pescado - fish
pescamos - [we] fish
pescar - to fish
pez - fish
pica - pika
pies - feet
plantas - plants
plato - plate / dish
pone - puts
nos ponemos - [we] put on
pongo - I put
me pongo - I put on

por eso - that's why
por fin - finally
porque - because
prefiero - I prefer
prende - starts / lights
preparado - prepared
preparo - I prepare
profesores - professors
prólogo - prologue
protección - protection
protector solar - sunscreen
próxima - next
puesta del sol - sunset

Q
qué bonito - how pretty
quiere - wants
quieren - [they] want
quiero - I want

R
ramos - branches/sticks
repelente - repellent
restaurante - restaurant
rico - tasty
ríos - rivers
roban - steal / rob
roca(s) - rock(s)

S
saco - sack
saco(s) de dormir - sleeping bag(s)
sala - living room
sándwich - sandwich
sed - thirst
sendero - path
nos sentamos - [we] sit
serpiente - snake
sí - yes
siempre - always
sin embargo - however
sitio - site
sitio de acampar - campsite

solar - solar
son - are
soy - I am
subimos - [we] go up / climb

T
también - also
tener - to have
tengo - I have
tengo hambre - I am hungry
tiempo - weather
tienda - tent
tienda de acampar - camping tent (also called *carpa*)
tiene - has
tiene sed - is thirsty
tierra - dirt
tiro - I throw
toda - all
todo - all
tomo - I take
trabajo - work
tronco - trunk
tus - your

U
un - a
una - a
unas - some
universidad - university
usa - uses

V
vamos - [we] go
van - go
venado - deer
veo - I see
viejo - old
visita - visits
visitar - to visit
vista - view
vive - lives
vivo - I live

CARLOS EXPLORA

voy - I go
vuelta - flip

Y
y - and
yo - I

ABOUT THE AUTHOR / ILLUSTRATOR

Camilla Given is an explorer! She loves getting to know the wonders of the deserts, forests and mountains of Colorado and beyond with her family and friends.

Camilla is a Spanish teacher in rural Western Colorado. She enjoys creating stories and awesome stick figures. When not at work, she can be found in the mountains camping, hiking, or cross-country skiing with her family and friends.

Camilla also produces the podcasts *Simple Stories in Spanish* and *Simple Stories in English*.

You can learn more about Camilla, her novels, her podcast, and her teaching at her website www.smalltownspanishteacher.com

You can follow Camilla on Facebook, Instagram, and YouTube @smalltownspanishteacher

OTHER BOOKS IN THE <u>CARLOS</u> SERIES

<u>SOY CARLOS</u>: In the first book in the "Soy Carlos" series, Carlos introduces himself, his family and his friends. Carlos shares his likes and dislikes, his activities, and descriptions of himself and others.

<u>CARLOS CELEBRA</u>: In this second book in the "Soy Carlos" series, Carlos enjoys celebrating events with his family and friends. He plans a surprise birthday party for his roommate, attends a wedding organized by his sister and returns home to Minnesota to celebrate Christmas with his family.

Made in United States
Cleveland, OH
28 June 2025